AF266167

LA
FRANCE DROITE

ET LA

FRANCE GAUCHE

PAR

LÉON CAHUN

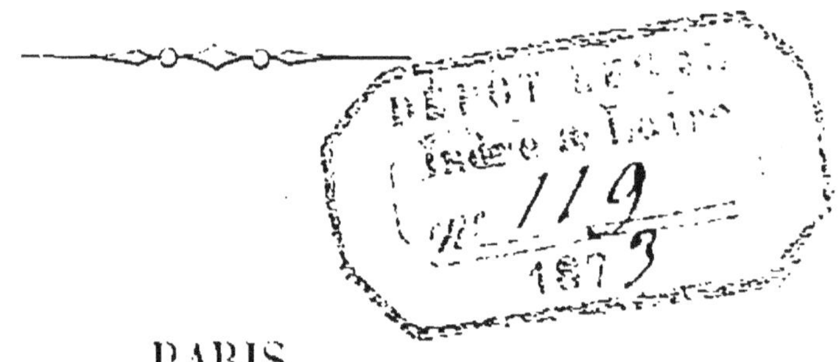

PARIS

LIBRAIRIE ARMAND LECHEVÁLLIER

61, Rue Richelieu, 61

1873

LA FRANCE DROITE

ET LA FRANCE GAUCHE

Les quelques observations que je vais
présenter ici ne reposent, cela va sans dire,
que sur des faits dûment constatés et contrôlés.

La droite de l'Assemblée se pose en défenseur de l'ordre, de la religion, de la propriété, de la famille. C'est un monopole qu'elle
s'arroge ; je vais montrer ce qu'il y a de
vrai dans cette prétention.

Pour défendre avec tant d'ardeur la propriété, la famille et une foule d'autres institutions, il serait bon, ce me semble, de prouver d'abord qu'on les représente dans une plus large mesure que les autres. Se borner à trancher la question, en affirmant que l'adversaire les attaque, est une argumentation qui me paraît insuffisante.

Je ne sache pas qu'aucun parti ait le droit de se sacrer défenseur de la société, et par suite, de mettre les autres hors la loi. Ce procédé peut être fort utile à de certains moments : L'inquisition l'a employé non sans vigueur, et dans toute sa logique ; la Convention en a fait bon usage, et les Prussiens l'ont appliqué aux francs-tireurs et aux villes ouvertes, sujettes à bombardement, avec le succès que chacun sait.

Je vais, ici, chercher dans quelle mesure la Droite et le Centre droit représentent exclusivement la propriété, la famille, la religion, la moralité, enfin, la prospérité de la France.

Je n'épiloguerai pas sur les circonstances dans lesquelles a été nommée l'Assemblée, sur le vote des villes et des campagnes, sur les plus ou moins grandes majorités avec lesquelles les listes de gauche ou de droite ont passé, sur le progrès, pourtant bien évident, qu'ont fait les élections républicaines depuis dix-huit mois. Ce sont matières à discussion que j'épuiserai, s'il y a lieu.

Je veux aujourd'hui faire la part belle à la droite. Les moyens de la gauche me le permettent, et il est bon, d'ailleurs de s'habituer, en France, à ne raisonner que sur des faits positifs, sur des constatations d'autant plus polies qu'étant plus brutales, elles prêtent moins aux commentaires.

Une explication pour terminer : J'ai classé les députés d'après leurs votes aux séances importantes. Ces votes m'ont conduit à neutraliser, comme on le verra plus loin, six départements. J'ai des scrupules à propos de deux d'entre eux, la Gironde et la Seine-Inférieure ; un troisième enfin, la Corrèze, par la mort de M. Rivet, non encore remplacé, laisse ma conscience dans l'inquiétude. Ayant fait à la droite la part la plus large possible, je ne voudrais pas qu'on pût me reprocher d'avoir, méchamment et parcimonieusement retiré de son actif ces trois départements : D'un autre côté, il est bien difficile de lui attribuer bénévolement, la Gironde et la Seine-Inférieure, après le vote du 29 novembre 1872. J'abandonne donc au lecteur le doute qui me tourmente en le prévenant simplement que si j'octroyais à la droite, outre la Gironde et la Seine-Inférieure, la Corrèze et nos trois autres neutres, les résultats d'ensemble ne changeraient en aucune façon, comme il le verra lui-même.

Etudions d'abord la répartition géographique des fractions parlementaires.

Quarante-trois départements ont envoyé à l'Assemblée une majorité de représentants de la droite.

Ce sont : l'Allier, l'Ariège, l'Aude, l'Aveyron, le Calvados, la Charente, le Cher, la Corse, les Côtes-du-Nord, la Creuse, la Dordogne, l'Eure-et-Loir, le Finistère, le Gard, la Haute-Garonne, le Gers, l'Hérault, l'Ille-et-Vilaine, l'Indre, la Haute-Loire, la Loire-Inférieure, le Loiret, le Lot, le Lot-et-Garonne, la Lozère, le Maine-et-Loire, la Manche, la Haute-Marne, la Mayenne, le Morbihan, la Nièvre, le Nord, l'Oise, le Pas-de-Calais, le Puy-de-Dôme, la Haute-Saône, la Sarthe, les Deux-Sèvres, la Somme, le Tarn-et-Garonne, la Vendée, la Vienne et la Haute-Vienne.

Six départements peuvent être considérés actuellement comme neutres.

Ce sont : les Hautes-Alpes, la Charente-Inférieure, la Corrèze, la Gironde, la Loire et la Seine-Inférieure.

Quarante départements sont représentés par une majorité de députés de la gauche et du centre gauche.

Ce sont : l'Ain, l'Aisne, les Basses-Alpes, les Alpes-Maritimes, l'Ardèche, les Ardennes, l'Aube, les Bouches-du-Rhône, le Cantal, la Côte-d'Or, le Doubs, la Drôme, l'Eure, l'Indre-et-Loire, l'Isère, le Jura, les Landes, le Loir-et-Cher, la Marne, la Meurthe-et-Moselle, la Meuse, l'Orne, les Basses-Pyrénées, les Hautes-Pyrénées, les Pyrénées-Orientales, le Rhône, la Saône-et-Loire, la Savoie, la Haute-Savoie, la Seine, la Seine-et-Marne, la Seine-et-Oise, le Tarn, le Var, la Vaucluse, les Vosges, l'Yonne et les trois départements de l'Algérie.

En jetant les yeux sur la carte, nous sommes frappés du groupement des départements. Tirons une ligne de Cherbourg à l'embouchure du Rhône, sur les trente-sept départements continentaux dont la majorité des représentants siége à gauche ou au centre gauche, trente-et-un sont au nord-est de cette ligne.

Vingt-neuf de ces trente-et-un départements ainsi groupés forment la presque totalité des bassins du Rhône, de la Saône, de la haute Moselle et de la haute Meuse.

Sur les six départements de gauche qui se trouvent au sud-ouest, trois sont groupés et forment le bassin de l'Adour : Ce sont les Landes et les Hautes et Basses-Pyrénées. Deux font partie du bassin de la Garonne et de la Dordogne, et enfin, le dernier, les Pyrénées-Orientales, peut être, dans le sens commercial et statistique, attribué au bassin du Rhône.

Je ne trouve dans le bassin du Rhône que le Gard et la Haute-Saône qui donnent une majorité à la droite. Dans le bassin de la Seine, je ne trouve que l'Oise et la Haute-

Marne. Trois départements de gauche, seulement, font partie du bassin de la Loire; ce sont l'Orne, l'Indre-et-Loire et le Loir-et-Cher.

Vingt-neuf départements, formant une zône compacte depuis la Manche et le bassin de la Loire jusqu'à la frontière d'Allemagne, de Suisse et d'Italie; depuis Marseille jusqu'au Hàvre, en passant par Lyon, Dijon, Troyes et Paris appartiennent donc à la gauche et au centre gauche. La première zône de départements qui défend notre frontière, la première barrière qui s'élève entre l'Allemagne, l'Italie et nous, sauf sur un seul point, dans la Haute-Saône, en face de Belfort, est représentée tout entière par des hommes qui acclament ou qui acceptent la République. Entre la France plus ou moins monarchiste et l'étranger, je trouve la France républicaine. Voyons si nous sommes bien défendus, et quelle est la valeur de notre avant-garde.

Je vais d'abord examiner sa valeur intellectuelle moyenne.

Si nous prenons comme moyenne de

l'ignorance 33 0/0 d'illettrés, nous trouvons que sur les trente-sept départements de la gauche, trente sont au-dessus de la moyenne. Sur ces trente départements, huit renferment moins de 10 0/0 d'illettrés.

Examinons maintenant l'état de l'instruction dans les départements dont la majorité des représentants siége à droite. Vingt-huit de ces départements sont au-dessous de la moyenne, quinze seulement sont au-dessus. Sur ces quinze, il n'y en a que deux qui présentent moins de 10 0/0 d'illettrés. Sur les vingt-huit autres, en revanche, douze en contiennent plus de 50 0/0.

Allons plus loin. Douze départements sont immaculés ; ils n'ont nommé aucun membre de la gauche ni du centre gauche. Sur ces douze départements, trois seulement sont au-dessus de la moyenne d'instruction : la Haute-Marne, le Gers et le Pas-de-Calais. Cinq, en revanche, donnent plus de 50 0/0 d'illettrés : l'Ariége, le Lot, la Haute-Loire, le Morbihan et la Haute-Vienne.

Dix départements (je laisse de côté les trois départements d'Algérie), n'ont pas nommé un seul député de la droite ou du centre droit. Un seul est au-dessous de la moyenne ; ce sont les Pyrénées-Orientales. Deux contiennent moins de 10 0/0 d'illettrés : la Côte-d'Or et la Meurthe et Moselle : leurs représentants ont tous voté pour la dissolution.

On a toujours observé une certaine concordance entre le manque d'instruction et la criminalité. Sans vouloir établir ici cette concordance, et sans même l'affirmer en aucune façon, nous pouvons néanmoins constater un fait : c'est que les départements de gauche, qui donnent moins d'illettrés que les départements de droite, donnent aussi moins de causes criminelles. En ne comptant ni les trois départements de l'Algérie, ni la Savoie et les Alpes-Maritimes, je trouve que sur trente-quatre départements de la gauche, quatorze donnent moins d'une cause criminelle pour dix mille habitants, et vingt donnent plus. Les sept dixièmes des départements de la gauche donnent donc moins d'une cause criminelle sur dix mille habitants.

Je trouve au contraire, que treize départements de la droite seulement donnent moins d'une cause criminelle sur dix mille habitants, contre trente qui donnent plus. Sept dixièmes des départements de droite sont au-dessus de cette moyenne.

Défalquons des quatre-vingt-six départements de la France les six départements neutres et les trois non comptés. Sur les soixante-dix-sept qui nous restent, cinquante sont au-dessus de la moyenne de la criminalité, vingt-sept sont au-dessous. La droite me donne les trois cinquièmes des départements au-dessus de la moyenne de criminalité ; la gauche me donne moins que les trois cinquièmes, un peu plus de la moitié des départements qui sont au-dessous de cette moyenne.

Je n'ai pas à examiner ici si le mariage est un élément de moralité, si les districts où l'on se marie le plus sont aussi ceux où l'on travaille avec le plus d'application. Je ne me mêle pas de traiter des questions métaphysiques, mais j'établis simplement quelques faits ; je verrai plus loin à mettre en évidence les conclusions de ces faits. Eh bien, quelque soit le rôle du mariage dans la société, je constate que c'est encore dans les départements représentés par une majorité de gauche qu'on se marie le plus.

En prenant quatre-vingts mariages par 10,000 habitants comme la moyenne, sur trente-quatre départements de gauche, dix-huit, plus de la moitié, sont au-dessus de cette moyenne ; seize au-dessous. Les quarante-trois départements de droite me donnent, il est vrai, dix-huit départements au-dessus de la moyenne, mais c'est contre vingt-cinq au-dessous. Ainsi, la gauche donne bien la moitié des départements où l'on se marie le plus, quand la droite donne plus des cinq huitièmes de ceux où l'on se marie le moins.

Il est à remarquer que le culte ne paraît pas exercer d'influence sur les dispositions politiques des départements, ou du moins, ne paraît pas exercer l'influence qu'en attendraient certaines personnes. Les départements où se trouvent des communautés protestantes votent aussi bien à droite qu'à gauche.

Ainsi, sur deux départements où habitent plus de cent mille réformés, la Seine et le Gard, l'une est gauche et l'autre est droite. Sur trois autres, où s'en rencontrent environ cinquante mille, les Deux-Sèvres, l'Ardèche et la Drôme, les Deux-Sèvres sont majorité de droite. Sur trente départements enfin, qui contiennent de six à quinze mille non catholiques, onze sont à gauche, trois sont neutres, et seize sont à droite. Dix-neuf départements, sur trente, où les deux cultes ont des adhérents, donnent donc la majorité à la droite, et la prédominance incontestée du culte catholique dans les autres n'empêche pas beaucoup d'électeurs de se prononcer pour la République. Il est vrai que l'intégrité de la foi n'a rien de commun avec la prédominance du culte ; mais, comme il m'a été impossible de me procurer aucune donnée précise sur l'intensité des croyances, je me borne aux faits ci-dessus constatés, et je passe outre.

Après avoir établi que les départements

dont la majorité des représentants siége à gauche sont plus instruits que les autres, qu'en général, on y vit davantage en famille que les crimes et délits y sont moins fréquents et que le culte catholique y est plus répandu, je ne veux pas oublier de dire que notre armée y trouve aussi des hommes plus grands et plus sains.

C'est dans les départements de droite que se rencontrent le plus de cas de réforme pour infirmités, faiblesse constitutionnelle ou défaut de taille. Ne prenant que ce dernier point de comparaison, et faisant porter les observations sur les recrues admises au service, sur les quarante-trois départements de droite, vingt-et-un me donnent une taille moyenne inférieure à 1 m. 65.

Sur trente-quatre départements de gauche, six seulement sont au-dessous de la moyenne.

Vingt-huit, au contraire, fournissent des conscrits dont la moyenne de taille est supérieure à 1 m. 65 c. Je ne veux pas dire par là, que les monarchistes en France soient des nains difformes et infirmes, et que

les républicains soient tous de beaux et so-
lides garçons. Je constate simplement que
dans la plupart des départements qui votent
à gauche, de meilleures et plus anciennes
conditions de bien-être, d'hygiène, de mariage ont produit une moyenne de taille plus
élevée.

Me voilà conduit à examiner si le bien-
être est réellement plus général dans les départements qui ont voté gauche, que dans
ceux qui ont voté droite.

Un premier et très-important renseigne-
ment sur ce point me sera fourni par la cote
moyenne d'impositions. Si je la fixe à 35 fr.,
je trouve que sur les quarante-trois départements de la droite, trente me donnent par
tête une cote d'impositions inférieure à
cette somme : treize seulement sont au-
dessus de la moyenne. Le résultat de mon
enquête sera bien différent pour les trente-
sept départements de la gauche ; dix-neuf
me donnent une cote moyenne inférieure à
35 francs, contre dix-huit qui me donnent
une moyenne supérieure. Ainsi, sur qua-
rante-neuf départements, dont le rende-

ment par tête est inférieur à 35 francs, plus des deux tiers, moins des trois quarts, appartiennent à la droite. Sur trente-et-un départements dont le rendement va de 35 fr. à 100 fr. et au-dessus, près des deux tiers appartiennent à la gauche ; près des deux tiers peuvent être considérés comme acquis à la République.

Reprenons les départements qui n'ont pas donné un seul député à la gauche, et comparons-les à ceux qui n'ont pas donné un seul député à la droite. Nous verrons ici, en quelque sorte, la valeur intrinsèque, le prix marchand des opinions extrêmes. Eh bien, dix des premiers sont au-dessous de la moyenne, et deux seulement sont au-dessus, tandis que six des seconds donnent au-dessus de la cote de trente-cinq francs, et cinq seulement au-dessous. Nous sommes donc fondés à dire que les républicains rapportent plus à l'État que les monarchistes.

Voilà une vérité qui n'est pas, d'ailleurs, difficile à vérifier. Donnons-lui son certificat d'authenticité.

Le total général des recouvrements effectués par département (y compris l'Algérie,

pendant l'exercice 1868,
a été de . . . . 2,011,028,389 fr.

Retranchons de cette somme celle des recouvrements effectués dans les six départements neutres, soit. . 189,398,038

___

Nous obtenons. . . 1,821,630,351 fr.

Les trente-sept départements de gauche et les trois départements de l'Algérie ont payé. . . . . 1,055,848,091 fr.

qui retranchés de. . . 1,821,600,351

___

donnent. . . . . . 765,882,260 fr.

Cette somme représente le total des contributions payées par les départements dont la majorité des représentants siége à droite. En supposant même que les six départements neutres penchent à droite, et en ajoutant la somme de leurs impositions à celle des impositions des quarante-trois départements de droite, nous n'atteindrions pas la somme énorme de *un milliard cinquante-cinq millions huit cent quarante-huit mille quatre-vingt-onze francs* payée par les quarante départements de gauche, contre la somme inférieure de plus d'un tiers de *sept cent soixante-cinq millions sept cent quatre-vingt-deux mille deux cent soixante francs* payée par les départements de droite.

Je vais, maintenant, entrer au vif de la question. On a dit que les députés de la droite étaient des ruraux, qu'ils représentaient les électeurs des campagnes, les agriculteurs. Je n'ai jamais considéré l'épithète de rural comme une injure, et je ne sache pas qu'on déroge à labourage ou pâturage ; voyons pourtant ce qu'il y a de vrai dans cette appréciation, et jusqu'à quel point il est établi que la population agricole de la France refuse si obstinément la République.

Environ cinquante trois pour cent de la population totale de la France vivent d'agriculture. Je puis donc fixer la moyenne du nombre des agriculteurs entre cinquante et soixante pour cent. Adoptant cette moyenne je trouve trente-trois départements de la droite au-dessus et dix au-dessous. De trente-sept départements de la gauche, onze sont au-dessous et vingt-six sont au-dessus de la moyenne. Constatons, d'ailleurs, que sur douze départements immaculés de la droite, deux contiennent moins de 50 0/0 de cultivateurs, et que sur dix départements de gauche qui n'ont pas nommé un seul député de droite, trois ne dépassent pas cette proportion. Je suis donc conduit à dire, qu'en thèse générale, la droite représente plutôt les départements agricoles.

Mais dans une exploitation agricole aussi bien que dans une exploitation industrielle, il y a des propriétaires et des salariés. Admettons que la Droite compte parmi ses électeurs plus d'agriculteurs que la gauche.

Parmi ces agriculteurs voués à la droite, y a-t-il plus de propriétaires que parmi les agriculteurs incarnés dans la gauche ? Je pourrais prouver, et je le prouverai en temps et lieu, que la culture des départements de gauche est autrement perfectionnée, autrement productive que celle des départements de droite. Mais ici, je me bornerai à examiner cette grande et terrible question de la propriété, et je dirai aux députés de la droite :

Sur quarante-deux départements qui vous appartiennent encore, vingt-deux contiennent moins de vingt-cinq propriétaires pour cent individus de population normale. Vingt en contiennent davantage.

Sur trente-trois départements que peut revendiquer la gauche, vingt contiennent plus de vingt-cinq pour cent de propriétaires fonciers ; treize seulement sont au-dessous de cette moyenne.

Ainsi, sur quarante départements, qui présentent plus de vingt-cinq propriétaires fonciers pour cent habitants de population normale, *la moitié appartient à la gauche.*

Sur trente-cinq départements qui contiennent moins de vingt-cinq propriétaires par cent habitants, un peu moins des deux tiers vous reviennent de plein droit ; je vous les adjuge.

Que vous représentiez la propriété à peu près au même titre que la gauche, je vous l'accorde, et en ceci, je vous favorise. Mais, en vous faisant la part la plus large, je ne pourrai pas empêcher que vous ne représentiez beaucoup plus qu'elle, l'absence de propriété. La gauche est autant et plus que vous dans la représentation de la France qui possède le plus ; vous êtes les deux tiers de la France qui possède le moins.

Je veux encore ici porter les choses à l'extrême. Sur vos douze départements immaculés, la moitié contiennent moins de vingt-cinq pour cent de propriétaires, et sur huit (ne comptant ni les Alpes-Maritimes, ni la Haute-Savoie), des dix départements de gauche qui n'ont pas accepté un seul des vôtres, les trois quarts en donnent plus de vingt-cinq pour cent. En vertu de quelle singulière équivoque osez-vous donc affirmer que les républicains attaquent la propriété, et que les monarchistes la défendent, quand c'est la France républicaine qui contient le plus de propriétaires fonciers, quand c'est la France monarchiste qui en présente le moins ?

J'ai été sobre d'appréciations et je me suis strictement interdit toute allégation qui ne reposait pas sur des chiffres bien contrôlés. Il me sera donc permis d'ajouter quelques mots pour conclure.

On remarquera que les départements qui ont voté pour la gauche sont, en général, ceux où le bien-être matériel et moral est le plus développé, ceux qui ne présentent ni l'extrême fortune, ni l'extrême misère mais qui se tiennent dans une bonne moyenne; ceux, en un mot, qui sont dans les meilleures conditions de tranquillité , de prospérité, de régularité , de propriété. Si donc la France vit d'une existence normale, si elle se développe et progresse régulièrement , la République vivra et progressera comme elle. A mesure que les départements atteindront de meilleures moyennes d'instruction, de répartition de propriété, de bien-être , on les verra se porter à gauche et s'attacher aux institutions républicaines. Dorénavant, les mots république, prospérité, calme, progrès, seront synonymes en France.

Ce qu'on peut voir, et pour ainsi dire toucher du doigt, après avoir réfléchi aux quelques observations que je viens de présenter, c'est que la France marche droit à la République, j'entends à la République de fait, non pas à la République de théorie; je dis à la République de nature , non pas à la République de hasard. A moins de crise ou d'accident, la République deviendra la condition normale et naturelle de la France en état de vitalité.

Je ne cherche pas les raisons théoriques

de ce fait : je le constate et je le proclame. Si la France marche à la vie, elle marche à la République. Si la France penchait à la monarchie ce serait parce qu'elle tendrait à s'anéantir, à se dissoudre.

Que l'instruction se répande, que le travail féconde, que la propriété se développe et se fortifie, que la famille se consolide, que l'ordre et la prospérité s'assurent mutuellement, que le progrès suive son cours régulier, quel bon citoyen, quel Français peut souhaiter autre chose ? Eh bien ! en le souhaitant de tous ses vœux, c'est la République qu'il souhaite ; c'est la fin de nos discordes et de nos malheurs ; c'est l'heure à laquelle la France, ce pays si vigoureux, si intelligent, si actif, si courageux, et, au fond, si honnête, cessera de dépenser labeur et intelligence, force et courage, à se prouver à elle-même qu'une moitié de ses enfants est bonne à fusiller, et l'autre à déporter en Nouvelle-Calédonie.

TOURS, IMP. RÉGIONALE, AL. BOUDROT, 3, COUR DES PRÉS.